MAXIMES
POLITIQUES
MISES EN VERS

Par Monsieur l'ABBE' ESPRIT.

A PARIS,

Chez { DENYS THIERRY, ruë S. Jacques.

ET

CLAUDE BARBIN, au Palais.

M. DC. LXIX.

AVEC PRIVILEGE DU ROY.

MONSEIGNEUR

LE DUC DE MONTAUZIER,

PAIR DE FRANCE,

CHEVALIER DES ORDRES DU ROY,

GOUVERNEUR ET LIEUTENANT GENERAL

POUR SA MAJESTE' DES PROVINCES DE

XAINTONGE ET ANGOULMOIS, HAUTE

ET BASSE ALSACE, COMMANDANT POUR

SON SERVICE EN NORMANDIE, ET

GOUVERNEUR DE MONSEIGNEUR

LE DAUPHIN.

ONSEIGNEVR,

L'Ambition que j'ay que le Roy
daigne jetter les yeux sur le Poëme que

ã iij

je vous offre, ne m'a point fait imagi-
ner de moyen plus propre pour obtenir
ce que je souhaite, que de vous sup-
plier tres-humblement de le vouloir
honorer de vostre protection. Vous estes
si genereux, MONSEIGNEVR,
& vous m'avez donné de si graves
témoignages de l'honneur de vostre
bien-veillance, que j'ose esperer que
vous me ferez la grace de presenter
mon Ouvrage à sa Majesté, & de
m'aider de vos bons offices à luy rendre agreable le zele qui me l'a fait entreprendre. Ie ne doute pas, MON-
SEIGNEVR, que sa Majesté ne le
reçoive favorablement, quand je songe aux marques publiques & pretieu-
ses qu'elle vous a données de son esti-
me ; quand je considere qu'elle s'est
privée en quelque maniere de ce qu'el-

le a de plus cher pour le dépoſer entre
vos mains, & qu'elle a confié à vos
ſoins l'éducation d'un Prince qui doit
faire le deſtin de toute l'Europe. Il eſt
vray, MONSEIGNEVR, que
le choix du Roy qui vous a élevé au
comble de voſtre gloire; à en meſme-
temps augmenté la ſienne, puiſqu'en
l'arreſtant ſur vous, ſa Majeſté a fait
voir à tout le monde l'eſtenduë de ſa
lumiere qui ſonde le fond de tous ſes
ſujets; & la ſageſſe de ſa juſtice qui
les place ſelon leur merite, & donne
à chacun des emplois qui reſpondent à
ſes talens. C'eſtoit une choſe aſſez
difficile que de trouver toutes les qualitez neceſſaires à un Gouverneur
d'un grand Prince, aſſemblées en une
meſme perſonne: Sa Majeſté les a
pourtant rencontrées en vous. La pro-

bité d'un Gouverneur eſt la plus ſeure
garde des tendres années de la jeuneſſe
& la plus capable de la preſerver des
mauvaiſes impreſſions qu'elle ne reçoit
que trop facilement. Qui ne ſçait,
MONSEIGNEVR, que la voſtre
n'eſt pas commune, & que l'opinion
que le Roy en a conceuë, eſt appuyée de
l'approbation publique, & de toutes
les actions de voſtre vie? On trouve rarement la ſcience en ceux de voſtre
profeſſion; & celle que vous avez eſt
extraordinaire. Rien n'eſt ſi deſagrea-
ble & ſi dangereux pour voſtre illuſtre
fonction, que la ſcience qui n'eſt pas
jointe à la politeſſe, & vous poſſedez
l'une & l'autre dans un meſme de-
gré. Il faut qu'un Gouverneur ait
l'ame élevée & le cœur ferme, afin de
porter celuy du Prince aux actions he-

PREFACE.

QUELQUE difficulté qu'il y ait à composer avec un succez heureux des ouvrages de la nature du mien, & quelque juste sujet que j'aye de me défier des forces de mon esprit, j'ay creu neantmoins que je pouvois entreprendre ce Poëme sans faire une action temeraire. J'ay pensé que tant de guides celebres & fidelles qui ont découvert les premiers tous les détours d'une route si mal aisée à tenir, me presteroient leurs grandes lu

mieres, & que je n'aurois autre
chofe à faire pour ne m'égarer
point, que de m'affujettir à les
fuivre. Les plus grands Genies
de l'Antiquité ont creu que l'in-
ftitution des Princes eftoit la
feule matiere digne de les occu-
per. Xenophon nous a donné
dans fa Syropedie une excellen-
te idée d'un Prince accomply :
Ariftote a compofé pour un même deffein fes admirables livres
des Politiques, & ils ont efté
fuivis par plufieurs Auteurs d'u-
ne reputation extraordinaire. Il
eft vray que la plufpart ont mieux
aimé traiter cette matiere indi-
rectement, & fous un autre nom
que celuy de Preceptes, s'ef-
tant contentez de les femer
dans

EPISTRE.

roiques, & l'accouſtumer à ne craindre point le peril, & chacun eſt per-
ſuadé de l'élevation de vos pensées,
& de la nobleſſe de vos ſentimens.
Que, ne dirois-je pas, MONSEI-
GNEVR, de voſtre Vaillance, ſi
je voulois entrer dans le détail de ſes
exploits glorieux, & marquer toutes
les occaſions où vous l'avez ſignalée?
Ie me contenteray de dire qu'elle eſt
connuë de toute la France, qu'elle a
eſté toûjours égale, toûjours accompa-
gnée de prudence, toûjours attachée
au ſervice du Roy, & que ſa Majeſté
l'eſtime autant que cét incomparable
zele dont vous l'avez toûjours animée. Ie m'arreſte icy, MONSEI-
GNEVR, car outre qu'on ne peut
faire voſtre Eloge dans une lettre, ſi
j'en diſois davantage, je me mettrois

au hazard de blesser voftre Modeftie. Il ne faut pas vous fâcher dans un temps où j'ay befoin de voftre faveur, & où je fouhaite fi ardemment que vous me faffiez l'honneur de croire qu'il n'y a perfonne au monde qui foit plus veritablement & plus reſpectueuſement que moy,

MONSEIGNEVR,

Voftre tres-humble, tres-obeïffant
& tres-obligé ferviteur,
L'Abbé ESPRIT.

dans leurs ouvrages , aufquels ils ont donné le nom d'Hiſtoire; quoy qu'il ſemble qu'ils les aient entrepris principalement pour mieux lier & pour mettre dans un plus beau jour les mer-veilleuſes Maximes qu'ils y ont enſeignées pour le gouverne-ment & la conduite des Peu-ples. Polibe parmy les Grecs, & Tacite parmy les Latins ſe ſont propoſé d'inſtruire les Princes de cette maniere. Mais toutes ces differentes inſtruc-tions pour ſi ſolides qu'elles paroiſſent, ſont neantmoins tres défectueuſes. On voit bien qu'el-les n'ont eſté que les vaines meditations de la raiſon humai-ne, dont les lumieres ſont ſi

é

foibles & si bornées, & laquelle
ayant assez presumé de ses forces, pour se persuader qu'elle
trouveroit les moyens de rendre les Peuples heureux, ne leur
a donné que le phantosme du
bon-heur, ou tout au plus une
felicité passagere. Ce n'est que
depuis l'établissement du Chris-
tianisme, que nous voyons des
parfaits modelles d'un juste
Gouvernement dans plusieurs
Traitez, que quelques Peres de
l'Eglise ont composez, & sur
tout dans les Epistres qu'ils ont
adressées aux Princes, sous les-
quels ils vivoient, ou à leurs
Lieutenans & principaux Ma-
gistrats. Celles de saint Am-
broise à l'Empereur Valentinien,

& celles de saint Augustin au Comte Boniface, & aux autres Comtes qui representoient la personne des Empereurs avec une authorité souveraine dans toute l'Afrique, nous font voir les soins qu'ils ont pris pour faire connoistre aux Princes les obligations indispensables de leur estat ; mais aux siecles posterieurs, saint Bernard & saint Thomas ont suivy plus expressement l'exemple de ces premiers Docteurs : l'un dans ses livres admirables de la Consideration au Pape Eugene qui avoit esté son Religieux & son Disciple, & dans une longue & sçavante lettre à Henry, Archevesque de Sens, fils du grand Comte Thi-

baut de Champagne , & faint
Thomas l'Ange de l'Eſcole dans
un petit Traité intitulé, *Du Gou-*
vernement & de l'adminiſtration
des Princes , qu'on trouve en-
core parmy ſes Opuſcules. Quelques Auteurs Modernes de grand
nom ſe ſont auſſi propoſé le
meſme ſujet, & l'on a veu vers
le milieu du dernier ſiecle un eſ-
crit fort éloquent d'Eraſme, ſous
le titre de l'*Inſtitution du Prin-*
ce; tous ces grands Perſonna-
ges s'étant accordez en ce point,
qu'ils ont eſtimé que les Princes
ne pouvoient commander juſtement à leurs ſujets s'ils n'avoient
eux - meſmes obey les premiers
aux ſages avis , & pour ainſi dire,
à la Royauté domeſtique de leurs

Gouverneurs, qui sont establis auprés d'eux comme les premiers Legislateurs de ceux qui doivent un jour donner la Loy à des nations entieres. Ce bel art si noble & si élevé, qu'on appelle l'Art de Regner, ne se peut enseigner sans doute par des esprits ordinaires : ils n'en peuvent connoistre ny la grandeur ny les Maximes, & il faut avoir en quelque façon l'ame Royale pour comprendre & pour expliquer comme l'on doit, à un successeur d'un Roy les importans devoirs de la Monarchie. Il a semblé mesme à quelques Monarques, que nul n'estoit capable de montrer plus parfaitement à un jeune Prince ; comment il faut qu'il porte un jour la Couronne, que ceux-là mesme qui l'ont déja portée, & qui en ont senty beaucoup plus le poids qu'ils n'en ont estimé le brillant & la pompe. C'est le témoignage qu'en a voulu rendre en ce siecle un sçavant Roy d'Angleterre, dans un beau Traité qu'il composa pour l'instruction de son fils qu'il luy adressa sous le titre de Present & de Don Royal. L'on avoit auparavant veu d'autres instructions plus secrettes & plus confidentes, données premierement par l'Empereur Charles-Quint, & puis par le Roy Philippes second son fils, aux Rois qui leur ont succedé, & que l'on tient avoir esté com-

poſées par leurs Chanceliers, ou
par d'autres de leurs plus intimes
Officiers. Dom Diego de Save-
dra Faxardo grand Politique, &
qui a eſté honoré de pluſieurs
illuſtres Ambaſſades, a fait un
livre, intitulé, *L'idée d'un Prince
Politique Chreſtien*, dans lequel
il a renfermé en cent deviſes tous
les devoirs de la Royauté, & de
qui j'ay emprunté la plus grande
partie des preceptes de mon Ouvrage. Mais ce ne ſont pas les
ſeuls Eſpagnols qui ont excellé
ſur ce vaſte ſujet : Nous avons
veu en France de tres-beaux eſ-
crits de Politique, & celuy que
feu Monſeigneur le Prince de
Conty compoſa quelque temps
avant ſa mort, ſous le titre de *De-*

voirs des Grands, a ravy & édi-
fié tout enfemble les perfonnes
les plus éclairées, & les plus pieu-
fes. On peut dire fans flaterie que
c'eft un ouvrage achevé, & je ne
doute pas que MONSEIGNEUR LE
DAUPHIN n'en faffe un jour une
eftime particuliere, & qu'il ne
foit bienaife de devoir à un Prince
de fon fang, des inftructions fi
rares & fi Chreftiennes. Je ne
dois pas oublier le Poëme, que
le grand & docte Chancelier de
l'Hofpital fit en Latin pour l'éducation du jeune Roy François,
qui fut admiré en ce temps-là, &
qui le fera fans doute tant qu'il y
aura de juftes eftimateurs des
ouvrages de l'efprit. C'eft principalement à l'exemple d'un Au-

teur & d'un Magiſtrat ſi celebre que je me ſuis déterminé à
mettre en vers mes Preceptes
Politiques, quoy qu'avec moins
de dignité & de ſuffiſance, me
perſuadant que comme l'on a
toûjours attribué aux Poëte;
un eſprit de Prophetie & de pré-
voyance de l'avenir; je devois
donner par avance à ceux qui vi-
vent aujourd'huy ſous le meilleur
& le plus puiſſant des Rois, la
joye d'apprendre quel ſera le
bon-heur de ceux qui viendront
apres nous, & qui reſſentiront
les fruits de la douce & équitable
domination de MONSEIGNEUR
LE DAUPHIN, qui aura eu pardeſ-
ſus ſon invincible Predeceſſeur,
l'avantage & le ſecours d'un ſi

grand exemple. J'ay penſé auſſi que ce ſeroit un moyen favorable pour faire que la gloire de ce jeune Prince fuſt deux fois connuë & publiée, & qu'elle n'appartinſt pas moins au ſiecle preſent, auquel elle aura eſté predite, & dans lequel il aura appris les moyens infaillibles de la meriter & de l'acquerir, qu'au ſiecle futur, dans lequel il doit étaler aux yeux des Peuples pour leur extrême bon-heur les effets admirables de ces excellentes Maximes.

PRIVILEGE DV ROY.

LOUIS PAR LA GRACE DE DIEU ROY DE FRANCE ET DE NAVARRE: A Nos Amez & Feaux Conſeillers les gens tenans nos Cours de Parlemens, Maiſtres des Requeſtes Ordinaires de Noſtre Hoſtel, Baillifs, Seneſchaux, Prevoſts, leurs Lieutenans, & tous autres nos Officiers qu'il appartiendra, Salut : Noſtre bien Amé CLAUDE BARBIN Libraire, Nous a fait remonſtrer que le Sieur Abbé ESPRIT luy a mis entre les mains des Ouvres intitulées, LES MAXIMES POLITIQUES MISES EN VERS, qu'il deſireroit faire imprimer, ce qu'il ne peut ſans avoir Nos Lettres ſur ce neceſſaires, qu'il nous a fait ſuppliér luy vouloir accorder : A CES CAUSES, deſirant gratifier & fauorablement traiter ledit Abbé ESPRIT : Nous avons permis & permettons par ces preſentes audit Expoſant, de faire imprimer, vendre & débiter leſdites MAXIMES POLITIQUES MISES EN VERS, en tel Volume & caractére que bon luy ſemblera, pendant l'eſpace de neuf années, à commencer du jour qu'elles auront eſté achevées d'imprimer pour la premiere fois: Faiſant tres expreſſes inhibitions & défenſes à toutes perſonnes de quelque qualité qu'elles ſoient, d'imprimer ou faire imprimer, vendre, debiter ou contrefaire leſdites MAXIMES POLITIQUES ſans la permiſſion & conſentement dudit Expoſant ou de ceux qui auront droit de luy, à peine de trois mil livres d'amende, de tous deſpens dommages & intereſts, & de confiſcation des Exemplaires. A la charge qu'il en ſera mis un Exemplaire dans noſtre Cabinet du Chaſteau du Louvre, deux

en noſtre Bibliotheque publique, & un en celle de
noſtre tres-cher & Feal Chevalier & Commandeur de
nos Ordres le Sieur Seguier, Chancelier de France, avant
que de l'expoſer en vente : Si vous mandons que de
ces preſentes vous ayez à faire joüir ledit Expoſant pleinement & paiſiblement : Contraignans tous ceux qu'il
appartiendra par toutes voyes deuës & raiſonnables : Et
à noſtre Huiſſier ou Sergent ſur ce requis, faire pour
l'execution d'icelles tous Exploits neceſſaires, ſans demander autre permiſſion, C A R tel eſt noſtre plaiſir.
Donné à Paris le deuxiéme jour de May, l'an de grace
mil ſix cens ſoixante & neuf, & de nôtre regne le vingt-
ſixiéme.

Signe , Par le Roy en ſon Conſeil ,

DEDORDELU GARNIER.

Ledit Barbin a cedé moitié dudit Privilege à Deny
Thierry.

*Regiſtrées ſur le Livre de la Communauté des Libraires
& Imprimeurs de Paris, au mois de May* 1669.

Signé, A. SOUBRON , *Syndic*.

A

A MONSEIGNEUR

LE

DAVPHIN.

POEME.

DIGNE *sang de Bourbon dont le Ciel*
a fait chois
Pour t'élever un jour au Trône des
François ;
Toy qui dois succeder au plus grand Roy du Monde,
Pendant qu'il t'établit dans une paix profonde,
Et qu'il donne ses soins au salut de l'Estat,
Apprens à devenir un parfait Potentat.

A

D'un esprit élevé la noble inquietude
Doit borner ses desirs à cette seule étude.
Celuy qui monte au Trône, & n'en sçait point le prix,
Loin de se faire aimer, inspire le mépris.
Et de l'Art de Regner ignorant les Maximes
Il se rend criminel, & ne voit pas ses crimes.
PRINCE, sur mon travail daigne jetter les yeux,
Ne me refuse pas tes momens pretieux.
Tu verras ce qu'un Roy dans le pouvoir suprême
Doit à son Createur, ce qu'il doit à soy-même,
Tout ce qui peut entrer dans ses nobles projets,
Les moyens glorieux de regir ses sujets,
L'Art dont il doit voiler le sacré Ministere,
Ceux qu'il y doit placer, la part qu'il en doit faire.
Comment il faut agir avec ses Courtisans,
Disposer son Estat dans le cours de ses ans,
Recevoir le bon-heur, & les succez contraires,
Connoistre du dehors les diverses affaires,
Declarer une guerre, ou conclure une paix,
Et marcher sur les pas des Rois les plus parfaits.

POEME.

§

Mais que n'ay-je assez d'Art pour te faire con-
  neftre
L'invincible Monarque à qui tu dois ton eftre?
Que ne puis-je exprimer par un fçavant pinceau
Tout ce que ce Heros a de rare & de beau ?
Ha, fi de fes vertus mon ame poffedée
Avoit pû s'en former une fidelle idée?
Avec tout leur éclat les offrir à tes yeux
Et dans un feul objet montrer tous tes ayeux ;
PRINCE, je n'aurois point l'audace de t'inftruire,
Son Portrait te diroit ce que je vay te dire,
Et par fes grands attraits animant ton defir
Méleroit la fcience avecque le plaifir,
Tu trouverois en luy parfaitement unies
Du bel Art de Regner les Regles infinies,
Et fans te propofer des Princes differents,
Il t'apprendroit luy feul tous les devoirs des Grands.
Faffe le jufte Ciel que fes belles années
D'un cours precipité ne foient pas terminées !

A ij

Mais qu'heureux en tout temps il acheve le cours

Dont la Loy du destin borne nos plus longs jours,

Et qu'alors seulement tu mettes en pratique

Les diverses leçons de cette Politique.

C'est de tous les François le plus ardent souhait,

Et s'il est exaucé, l'Estat est satisfait.

Mais ton Couronnement par un ordre Celeste

Previendra de long-temps un moment si funeste;

La gloire de ton Pere & tes rares exploits

T'éleveront un jour à la place des Rois.

Quelque Peuple estranger voulant choisir un Mais-
tre

Sous un joug plus heureux pourra-t'il jamais estre;

Et trouver un Heros parmy les Potentats

Plus capable que toy de regir ses Estats?

Ou bien d'un vaste Empire une illustre heritiere

Admirant de tes faits la beauté singuliere,

Goustera les douceurs d'un bon-heur souverain

A t'élever au Throne & te donner la main

§

Je ne demande point le secours du Parnasse

Pour orner mon sujet d'une immortelle grace ;

Le Dogme Politique a ses beautez à part

Et ne veut rien devoir aux richesses de l'art ;

Sans que l'invention le pare davantage

Il suffit d'en former une fidelle image,

Et l'esprit qui le peint, loin d'y rien ajoûter

Ne doit estre attentif qu'à ne luy rien oster.

CE QUE

LE PRINCE

DOIT A DIEU.

OUVIEN - toy, quelque éclat dont
brille ta Personne
Que de Dieu seulement tu receus la
Couronne,
Que devant tous les temps ses asseurez desseins
Distinguerent ton sort du reste des humains,
Et t'ayant retiré de la masse commune
Dans le Rang Souverain placerent ta fortune.

§

Si tu veux pleinement accomplir ton devoir
Fais craindre en tes Estats l'Autheur de ton pouvoir;

POEME.

Par ta propre vertu répons a l'avantage
D'étre du Roy des Rois une eclatante image.
Fais qu'il regne en ton cœur, & que ta pieté
T'approche plus de luy que ton authorité.

§

N'aime point ta Grandeur, regarde la Couronne,
Comme un bien qu'il te preste, & non pas qu'il te
donne.

PRINCE, n'abuse pas d'un si rare bien-fait.
Rends luy fidellement les honneurs qu'on te fait,
Empesche que l'orgueil ne se les approprie,
Et d'un culte sacré fasse une Idolatrie.

§

Alors fidele à Dieu tout te sera soûmis,
Tes sujets deviendront tes fideles amis,
Charmez du grand éclat dont brille l'innocence,
Ils feront leur bon-heur de leur obeissance.
Et de tes actions contemplans les appas
Suivront avec plaisir les traces de tes pas.

§

Pour regner juſtement il faut que tu reveres
L'impenetrable nuit de nos ſacrez myſteres.
 Par ton authorité ſoùtiens leurs ſaintes lois,
Aux eſprits libertins fais - en ſentir le poids,
Que tous ces orgueilleux, dont l'aveugle impoſture
Tàche d'aneantir l'Auteur de la Nature,
Que tous ces inſolens, qui bien loin de l'aimer,
Ne prononcent ſon Nom, que pour le blaſphemer,
Et ces cœurs endurcis, dont l'erreur deteſtable,
Traite la verité de meſme que la fable,
Reçoivent leur ſupplice, & que leur juſte mort
Apprenne à tes ſujets à craindre un même ſort.

§

 Sur la Religion ta puiſſance affermie
N'a point à redouter de puiſſance ennemie,
C'eſt l'appuy des Eſtats, & les plus éclatans
Sans elle cederoient à la force du temps.
En vain dans le public toutes les loix humaines
Rempliſſent les eſprits de la crainte des peines,

Des plus grands chaſtimens l'impuiſſante terreur,

Reforme le dehors ſans reformer le cœur,

Et de nos paſſions les forces revoltées

Rompent ſouvent le frein qui les tient arreſ-
  tées.

Mais la Religion par ſes puiſſans attraits

Eſtablit dans nos cœurs la haine des forfaits.

Par les traits de l'amour ſa puiſſance Divine

Va combattre le mal juſqu'en ſon origine,

Et nous faiſant gouſter les Celeſtes plaiſirs

Empeſche le deſordre en reglant les deſirs.

§

Cette raiſon d'Eſtat qui fait la Souveraine,

Et veut tout diſpoſer par la ſageſſe humaine:

Ce Myſtere affecté, de qui l'obſcure Loy

Nous impoſe un reſpect qui n'eſt deu qu'à la Foy,

Et dont ſouvent les Rois font le voile du crime,

De la Religion doit eſtre la victime.

Ces ſages que la chair & le ſang ont formez

Malgré tout leur ſçavoir ſe trouvent abyſmez,

Et mettant leur espoir en leur seule sagesse,

Par leurs propres mal-heurs connoissent leur foi-
blesse.

Dieu confond leur prudence & leur fait concevoir,

Qu'il est l'unique appuy du suprème pouvoir

§

Il faut que la faveur au merite soùmise

Laisse aux esprits sçavans les emplois de l'Eglise,

Leur exemple & leurs soins conduiront ses enfans,

Et de ses ennemis ils seront triomphans,

Sans employer contr'eux les rigueurs de la guerre

Sans leur faire sentir les coups de ton tonnerre,

Et donner le plaisir aux autres Potentats

De te voir par ta force affoiblir tes Estats,

Ils seront affranchis de leurs funestes pieges,

Et n'auront plus besoin d'avoir des privileges.

Ces Illustres Pasteurs par leurs doctes escrits

Rameneront à Dieu ces aveugles esprits,

Et tu verras enfin par leur sage conduite

Les Errans conservez, & leur erreur destruite.

Il semble que le Ciel favorable à nos vœux

Doive operer bien-tost ce changement heureux.

C'est par un grand dessein qu'il met le Grand Tu-
renne

Dans l'azile asseuré de l'Eglise Romaine.

Cette faveur n'est pas uniquement pour luy,

Il veut à l'heresie oster ce ferme appuy,

Et par l'attrait puissant d'un si celebre exemple

Sauver tous ses fauteurs du debris de son Temple.

Que ton sort sera doux de ne voir sous ta Loy

Que des Peuples unis par une mesme Foy!

§

Mais il ne suffit pas d'honorer la science,

Tu dois craindre un grãd mal que produit l'ignorãce.

Le peuple dont l'esprit est sans discernement,

Au Culte déreglé panche facilement.

A la divine Loy pensant estre fidele,

Il se rend criminel par l'excez de son zele,

Il n'en connoist que l'ombre, & son illusion

Introduit mille abus dans la Religion.

Il eſt bien malaisé quand il faut le combattre,
De luy ravir l'erreur dont il eſt Idolâtre,
Preſt à la ſoûtenir d'un eſprit revolté,
Pluſtoſt qu'abandonner ſa fauſſe pieté.
Pour fuyr de ce mal-heur la triſte violence,
Il en faut ſagement prevenir la naiſſance,
Veiller ſur les abus, & par ta fermeté
Conſerver a la Foy ſa premiere beauté.

§

Ne te propoſe point en declarant la guerre
De porter la terreur aux deux bouts de la terre,
D'eſtendre tes Eſtats, & par de grands exploits
Voir pluſieurs Nations ſous le joug de tes Lois.
Bien loin de conſerver ou d'accroiſtre un Em-
      pire,
Souvent l'ambition ne ſert qu'à le deſtruire.
L'eſpoir de s'élever la prive de ſon bien,
Et qui veut tout avoir, riſque de n'avoir rien.
Cette ſoif d'acquerir ſans ceſſe nous agite
Au lieu de l'appaiſer, la victoire l'irrite.

Et si le Monde entier se voyoit dans ses fers,
Elle demanderoit un second Univers.

Mais je veux que le sort à tes armes propice
Sous le joug de tes Lois tous les peuples unisse;
Par quel art, par quels soins, par quelle habileté
Pourrois-tu conserver tout le monde dompté?
Regarde des Romains l'authorité supresme,
Sa trop vaste grandeur s'ebranle d'elle mesme;
Et cét estat par tout faisant craindre ses Lois
Ne se vit accablé que de son propre poids.
Lors qu'à son dernier point la puissance est venuë,
Ne pouvant plus monter, sa grandeur diminuë;
Elle perd de son lustre, & tel est son destin,
Que mesme dans son comble elle trouve sa fin.
Destache ton esprit de la fragile gloire,
A l'honneur des Autels rapporte la victoire,
Consacre ta puissance au Monarque des Cieux,
Ne permets à ton bras que des exploits pieux,
Remplis ton vaste cœur de cét illustre zele,
De rendre par tes faits tout l'Univers fidele,

B

POEME.

Soûmettre les errants au chef du bon party,
Ne composer qu'un corps du monde converty,
Unir les Nations par l'erreur separées,
Rendre au divin Pasteur ses brebis égarées :
Et faisant redouter ton bras de toutes parts
Egaler nostre Rome à celle des Cesars.

§

Lors que d'un grand Estat la fameuse conqueste
De Lauriers immortels couronnera ta teste,
Que les brillans honneurs d'un triomphe accomply
De ta condition t'inspireront l'oubly,
Ne te mesconnois point, resiste à tant de charmes,
Ne rapporte qu'à Dieu le bon-heur de tes armes,
Et les genous fléchis au pied de son Autel
Donne toute la gloire à son Nom immortel.

§

Mais quand par ses desseins la victoire changeante
Dans un fameux combat tromperoit ton attente,
Et que de tes desseins le succez mal-heureux
Affoibliroit l'éclat de tes faits valeureux

Garde-toy de montrer la moindre impatience,
Ne murmure jamais contre la Providence,
Adore ses Arrests, & d'un esprit égal
Reçois avec respect & le bien & le mal.

CE QUE
LE PRINCE
DOIT A SOY-
MESME.

PRES avoir soûmis à Dieu ton Diadême
Regarde ce qu'un Roy peut devoir à soy-mesme.

Dompte tes passions, & toûjours souviens-toy,
Que pour regner ailleurs il faut regner chez soy :
Que le plus grand combat & la gloire suprême
Consiste à s'attaquer & se vaincre soy-mesme,
Et que c'est usurper le titre de vainqueur
Tandis que dans les fers on voit gemir son cœur.

Qu'un laurier chaque jour t'environne la teste !

Que l'Univers entier devienne ta conqueste !

Que le monde t'admire, & que de ces bas lieux

La gloire de ton nom s'éleve jusqu'aux Cieux !

Pourras tu sans rougir goûter tant d'avantage,

Si dans le fond du cœur tu sens ton esclavage,

Si lâche defenseur des droits de la raison

Tu souffres que les sens la tiennent en prison,

Et que par ses sujets cette Reyne enchaisnée

Recoive de ton chois la triste destinée,

De suivre indignement le char des passions

Et soûmettre a leur gré toutes ses actions?

§

Sur tout estant blessé par les traits de l'offence

Estouffe dans ton cœur les feux de la vengeance.

L'indomptable fureur d'un Monarque irrité,

Ne se peut accorder avec la Majesté,

Et jasques dans l'esprit va porter des nuages

Qui couvrent ses clartez, & broüillent ses imaÂges.

B iij

La colere des Rois auſſi-toſt qu'elle naiſt,
Par ſon terrible éclat fait ſentir ce qu'elle eſt,
Et reduiroit ſoudain ſes ennemis en poudre
Si leur orgueil bleſſé diſpoſoit de leur foudre.
Ils doivent s'empeſcher de jamais s'émouvoir,
Et craindre pour autruy leur ſuprème pouvoir.
Quelque reſſentiment que donne la Nature,
Un Prince genereux ne rend jamais l'injure,
Et ſans que le courroux embraſe ſes eſprits,
Il ſe venge du mal avecque le mépris,
Il ſepare le tort qu'on fait à ſa perſonne,
Des intereſts ſacrez qui touchent la Couronne,
C'eſt pour les maintenir qu'il condamne au treſ-
pas,
Sa colere punit, & ne ſe venge pas.

§

Ne ſois pas ſatisfait des dons de la naiſſance,
Acquiers les qualitez que donne la ſcience:
Joins l'Art à la Nature, & par cette union
Tâche de parvenir à la perfection,

Aspire tous les jours au merite supresme,
Et deviens par tes soins l'ouvrage de toy-mes-
me.

§

L'Histoire est le tresor où tu pourras puiser
De quoy te rendre illustre & t'immortaliser.
C'est le temple vivant où regne la memoire,
Ou les divers Heros ont leurs degrez de gloire,
Ou la seule équité regle à chacun son rang,
Ou leur merite fait la noblesse du sang,
Et leur rare vertu renouvellant leur vie
Triomphe de la mort, du temps & de l'envie.
Dans le rang Souverain des Heros couronnez
Tu verras tes Ayeux de gloire environnez.
Mais alors souuiens-toy qu'une pareille place
Ne se peut accorder à l'esclat de la race,
Que par les droits du sang on n'en peut heriter,
Et que pour la remplir, il faut la meriter.
Ne te pare donc pas des vertus de tes Peres,
Refuse des beautez qui te sont estrangeres,

Et *sans rien emprunter de leurs vives clartez,*
Fais ton seul ornement de tes propres beautez.
A la compassion un Prince nous excite,
Lorsque nous le voyons mendier le merite,
Il nous fait soupçonner mille defauts en luy
Quand il se veut couvrir des qualitez d'autruy,
Et s'il ne les esgale, ou s'il ne les surmonte,
Ses grands predecesseurs ne brillent qu'à sa honte.
Vois donc tes actions, non pas sous les couleurs
Dont les sçait embellir le faux art des flateurs,
Non avec cet orgueil, qui naist du Diadéme,
Non des yeux enchantez par l'amour de toy-mesme,
Mais malgré les attraits de tant d'illusions
Separe tes defauts de tes perfections.
Juge-toy seulement si tu veux te connoistre
Par l'exemple fameux de ceux qui t'ont fait naistre,
Regarde leurs exploits, regarde tes travaux,
Compare-les ensemble, & voy s'ils sont égaux.
Il faut que de leurs faits la veritable image
Eleve ton esprit, enfláme ton courage,

Il faut que les desseins qu'ont formé tes Ayeux
T'inspirent des desseins plus grands, plus glorieux,
Et remplissent ton cœur d'une loüable envie
D'effacer par tes faits le lustre de leur vie.

§

Ne te dements jamais dans les travaux guerriers,
Par tes seconds exploits surpasse les premiers,
Et par une constance au bien accoustumee,
De l'attrait du plaisir sauve ta renommée.
Souvent les Potentats par une prompte ardeur
Entrent dans le chemin qui conduit à l'honneur,
Mais des le premier pas regardant en arriere,
Estonnez du peril ils quittent la carriere.
Souvent dans les progrez leur cœur est abattu
Sous les difficultez qui suivent la vertu,
Et lassez d'entasser victoire sur victoire
Le travail les reduit au degoust de la gloire.

§

Il faut que la prudence éclairant ta valeur,
A la seule équité fasse servir ton cœur.

Qu'à tes autres vertus cette vertu preside,

Il faut regler tes pas sur la Foy de ce guide.

Le temps la doit former, consulte-le souvent:

Des Precepteurs des Rois il est le plus sçavant.

Aux exemples certains des actions passées

Tu pourras conformer tes errantes pensées,

Y prendre des clartez dans leurs évenemens,

Et pour executer & pour dresser tes plans,

Tu pourras y puiser des Maximes constantes,

Et les accommoder aux affaires presentes.

Ton esprit éclairé par le seul souvenir

Ira porter le jour dans l'obscur avenir,

Sans par un vain regard consulter les estoiles

De ses plus sombres nuits dissipera les voiles,

Et prevoyant les maux il peut facilement

Conserver ses Estats & regner seurement.

§

Il faut que ton renom conserve ta Couronne,

Qu'il te rende vainqueur dans le champ de Bel-

lonne,

Qu'il te serve de foudre, & que par sa terreur

Il devance en tous lieux les coups de ta valeur.

Il faut que le seul bruit de cette renommée

Fasse plus de progrez que la plus forte armée,

Deffende tes sujets contre l'effort d'autruy,

Et soit de tes Estats le plus solide appuy.

Il faut que les sujets soûmis aux autres Princes

Deviennent amoureux du sort de tes Provinces,

Et que par tes vertus dignement soûtenu

Tu gouvernes par tout ou tu seras connu.

§

Dans l'un & l'autre sort montre un mesme
visage

Le bon-heur ne doit pas elever ton courage,

C'est avoir dans l'esprit trop de legereté,

Que de fonder l'orgueil sur la prosperité.

Tous ces ardens transports dont elle nous agite,

Font voir qu'elle n'est pas l'ouvrage du merite.

Pense que la grandeur est un piege eclatant

Que pour nous engager la Fortune nous tend,

Qu'elle fait au plaisir succeder la tristesse,

Et qu'elle n'aime pas tous ceux qu'elle caresse.

Pense que son amour doit donner de l'effroy,

Qu'elle n'agit jamais que de mauvaise foy,

Que souvent de ses biens elle comble les crimes

Et qu'elle prend plaisir d'engraisser ses victi-

mes.

§

Mais lorsque du destin la constante rigueur

Par des maux violens esprouvera ton cœur,

Garde toy de ceder à leurs rudes atteintes,

Et montrer ta douleur par d'inutiles plaintes.

Plus le sort nous abbaisse & plus d'un noble effort

On se doit élever au dessus de son sort.

La fermeté du cœur, mesprise l'injustice

Corrige les deffauts d'un aveugle caprice,

Nous oste de l'Estat où le sort nous a mis,

Et nous soumet tous ceux qui nous avoient soûmis.

Ces tranquilles Heros dont la valeur souffrante

Surpasse des Heros la valeur agissante :

Loin de faire pitié dans un fameux revers,

Charment par leur vertu les yeux de l'Univers :

Malgré tous les mal-heurs qui traversent leur

      vie,

Il se font un destin qui donne de l'envie,

Ils sortent glorieux d'un combat inégal,

Par leur seule constance ils triomphent du mal,

Et l'on voit qu'a la fin leur force non commune,

Ne se laissant jamais desarme la Fortune,

PRINCE, si le destin contre nous irrité

Mesloit quelque disgrace a ta prosperité,

Apprends qu'un Potentat que le malheur accable,

Peut soûmettre a ses pieds le sort inexorable,

Et voyant l'Univers contre luy conjuré

Avoir l'ame tranquille & le cœur asseuré.

§

L'Art de dissimuler est la premiere marque,

Qui de l'homme privé distingue le Monarque.

Quelque profond sçavoir qu'il puisse tesmoigner,

S'il ne sçait pas cet art, il ne sçait pas regner.

C

Mais il faut le soûmettre aux Lois de la prudence,

Et l'accorder toûjours avecque l'innocence.

Il faut qu'un Souverain de soy-mesme vainqueur,

Ne revele jamais le secret de son cœur,

Et pour en mieux couvrir les importans mysteres,

De plusieurs passions mesle les caracteres,

Et montre dans ses yeux presque en mesme moment,

Des marques de douceur & de ressentiment :

Que de ses actions l'eternelle inconstance

Du plus subtil Esprit trompe l'intelligence,

Et le faisant juger de luy differemment,

L'empesche d'en former un juste jugement.

Sur tout aux Ennemis cache tes entreprises,

On se met rarement a couvert des surprises.

Un dessein fort secret suspend toute action

Et sert plus à l'Estat qu'une diversion.

Celuy qui le découvre, & permet qu'on le die

Bien loin de l'achever veut qu'on y remedie :

Il avertit du coup avant que d'éclater,

Et donne aux ennemis le temps de l'écouter.

Il ne faut pas toujours que ton esprit paroisse :
Feindre d'estre ignorant est la derniere adresse,
Avoir beaucoup d'esprit & le pouvoir celer,
C'est posseder a fonds l'art de dissimuler.

Lorsque tu connoistras qu'on tâche a te surprendre,
N'en montre aucū soupçon-tems de croire & te rēdre.
Par l'attrait apparent d'une simplicité,
Engage a bien juger de ta sincerité,
Et sçache qu'il n'est point de plus grand stratagéme
Dans cét art merveilleux, que de couvrir l'art méme.
Tu dois fort escouter ; mais sur tout souvien-toy,
Que de parler beaucoup, n'est point parler en Roy.
Des discours estendus la Majesté blessée,
Dans des termes concis renferme sa pensée :
Elle laisse entrevoir le brillant de l'esprit,
Et le bon sens éclate en tout ce qu'elle dit.
Le silence de ceux qui portent la Couronne,
Leur sert mesme de voix, & leur regard ordonne ;
Enfin tout parle en eux, & souvent un clin d'œil
Fait de nostre fortune ou l'espoir ou l'écueil.

C ij

Un frequent entretien ne peut qu'estre nuisible,
La parole est le corps qui rend l'ame visible,
Et le moindre defaut qu'un Prince puisse avoir,
Est peint fidellement dans ce petit miroir.
Chacun des courtisans la pese & la medite,
Elle fait les arrests, donne cours au merite,
Elle vaut un Oracle, & tel est son pouvoir,
Que dés qu'un Roy la donne il en fait un devoir;
Et doit plustost souffrir de perdre sa Couronne,
Que de jamais agir contre la Foy qu'il donne.

CE QUE
LE PRINCE
DOIT A SES
ENFANS.

PRES *avoir esté fidele à ta rai-*
son,
Satisfais aux devoirs qui touchent ta
maison.
Sous les loix de l'Hymen si ta couche feconde
Te donne des Enfans & des Princes au monde,
Songe à les élever, & sçache que ce soin
Est leur plus important & leur premier besoin.
Il faut dés le berceau cultiver leur enfance,
Remarquer les penchans qui suivent la naissance.

C iij

Un peu d'attention les découvre aisement,
La nature innocente agit sincerement :
Le front, les yeux, les mains, les sourcils, le visage,
Sont de ses mouvemens une fidelle image.

Avant que la raison la puisse pervertir,
Heureuse elle ne sçait ny feindre ny mentir,
Et possedant alors la pureté de l'estre,
Elle montre son cœur à qui veut le connoistre.
Si l'enfant est altier, un regard arresté
Et le front estendu descouvrent sa fierté :
S'il a le cœur hardy, l'on voit que son visage
Fait par sa fermeté paroistre son courage;
Et quand par la menace on eprouve son cœur,
Il ne se trouble point & resiste a la peur.
Si la nature en luy trop sensible à l'offence,
Par un secret penchant le tourne à la vengeance,
Il s'afflige long-temps du dépit qu'on luy fait,
Et ne s'appaise point qu'il ne soit satisfait.
S'il a le sang boüillant, une cause legere
Fait naistre dans son cœur le feu de la colere:

. Si la melancolie occupe son esprit,

Le silence luy plaist, & rarement il rit,

Et d'une sombre humeur le visible nuage

Se formant dans ses yeux, obscurcit son visage.

Si son temperament penche vers le plaisir,

Un air libre & serein exprime ce desir.

En un mot dans cet âge on voit que la Nature

Fait de ses passions la fidelle peinture,

Jusqu'à ce que l'esprit plus meur & plus discret,

Luy fait connoistre l'art de former un secret,

Et que pour s'élever il est d'un grand usage

De rompre les accords du cœur & du visage.

§

Corrige leurs defauts dés qu'ils seront connus,

N'atten pas que le temps les ait entretenus,

Et que l'impression d'une forte habitude

Surmonte les efforts de l'art & de l'estude.

Le temps de leur enfance est la seule saison

Ou l'on doit establir les droits de la raison.

 POEME.

On peut tout esperer dans un âge si tendre ;
La nature debile a peine à se deffendre ;
Et contre un peu de soin ne pouvant resister ;
Abandonne soudain ce qu'on luy veut oster.
Il n'est pas mal-aisé de s'en rendre le maistre,
L'Arbre se peut ployer quand il commence à nai-
    tre,
Mais lorsque par les ans il endurcit son corps,
En vain pour le courber on feroit mille efforts.

§

Souvien-toy que la Cour dangereuse à tout âge
Est la mer ou souvent la vertu fait naufrage:
Que tu dois empescher que ses fausses douceurs,
Par leur charmãt poison ne corrompent leurs mœurs;
Et qu'ils ne soient portez par l'attrait des delices,
A dérober leurs soins aux nobles exercices.
Les Princes endormis dans le sein des plaisirs
N'ouvrent jamais leurs cœurs a de justes desirs.
Ce funeste sommeil leur donne une molesse,
Qui des beaux sentimens étouffe la noblesse;

E: charmez des appas d'un mal delicieux,

La gloire vainement se presente à leurs yeux.

Il faut leur faire voir que les soins & la peine,

N'abandonnent jamais la Grandeur Souveraine;

Les porter au travail, leur dire mille fois

Que le repos n'est point le partage des Rois,

Et que pour bien regner ils se doivent attendre

A le donner toûjours, & jamais ne le prendre.

Cultive leur esprit, pren soin de l'embellir

De toutes les clartez qui peuvent le polir :

Regle leur jugement, & remplis leur memoire

Des plus fameux exploits qui brillēt dans l'Histoire.

Le sçavoir les fait craindre, & la force n'est pas

Le plus solide appuy qui soûtient les Estats.

Des maux les plus pressans il trouve le remede,

Et fait vn second Roy du Roy qui le possede.

Mais parmy ses tresors tu dois faire le choix

Des sçavantes clartez qui sont propres aux Rois :

Il faut leur enseigner l'art de faire la guerre,

Avec toutes les eaux leur décrire la terre,

Leur figurer les Cieux & tous les corps divers
Dont un Estre parfait composa l'Univers :
Et puis qu'il l'a voulu soûmettre a leur Empire
Ils le doivent connoistre afin de le conduire.

§

L'Art de persuader leur doit estre connu,
Souvent un Potentat s'est par luy maintenu :
Il a sur les Esprits une douce puissance,
On a veu la valeur implorer l'éloquence.
Souvent un beau discours dans le fort des combats
A ranimé le cœur des timides soldats,
Et leur a si bien peint les appas de la gloire,
Qu'il les a rappellez au gain de la victoire.
Souvent deux ennemis tout prests à s'égorger
Ont évité par luy ce funeste danger.

§

Il faut leur enseigner les langues estrangeres,
Leur science est utile à traiter les affaires;
Un Prince doit sentir un singulier ennuy
De respondre toûjours par l'organe d'autruy.

Les affaires d'Estat veulent estre secrettes,

Et les Ambassadeurs craignent les Interpretes.

Souvent ils sont chargez par des Rois mal-heu-

reux,

D'exciter la pitié d'un Prince genereux,

Et ce n'est point pour eux une peine legere

Qu'il faille au Truchement confier leur misere,

Et que celuy qui doit appuyer leurs Estats

Et soulager leurs maux, ne les entende pas.

§

Sur tout pour bien regner il faut qu'on les applique

A remplir leur esprit du sçavoir Politique.

C'est ce divin sçavoir de qui les seules Loix

Conservent les sujets sous le joug de leurs Rois,

Et donnant à chacun leur naturelle place

Font un corps achevé d'une confuse masse.

Mais PRINCE, il ne faut point en puiser les clartez

Dans la raison humaine & ses cupiditez.

L'orgueil, l'ambition le fondent sur le crime,

Et forment un Tyran d'un Maistre legitime.

La science des Rois est de faire adorer
Celuy qui d'un tel rang daigne les honorer,
Et de fonder l'appuy d'un Empire fidele
Sur les Loix qu'il leur donne, & que la Foy revele.
Mais dans l'art de regner leur progrez seroit vain,
S'ils ne connoissoient point le fond du cœur humain.
Depuis que l'interest abusant du langage
Fait servir a ses fins son veritable usage,
Que les yeux ne sont plus que des miroirs trompeurs,
Il est bien mal-aise de connoistre les cœurs.
La raison ne sçauroit par des seures Maximes
Découvrir leurs destours, sonder tous leurs abysmes,
Et percer de leurs nuits l'affreuse obscurité,
Qui de son voile epais couvre la verité.
Il faut estudier le climat ou nous sommes,
Voir quels sont les ressorts qui font agir les hommes,
Connoistre d'un chacun les inclinations,
Observer avec soin toutes leurs actions,
Et sans de tant d'Auteurs consulter les volumes,
S'appliquer a sçavoir leur mœurs & leurs coutumes.

Il est vray que le soin d'acquerir le sçavoir
Est aux jeunes esprits un penible devoir:
Mais pour en eloigner tout ce qu'il a de rude,
Il faut tourner en jeu le travail de l'étude,
Et par les doux appas des divertissemens
On doit les appliquer aux premiers elemens.
Sous un masque agreable il faut qu'ils les reçoivent,
Et deviennent sçavans sans qu'ils s'en apperçoivêt
Mais tu dois travailler d'une pleine vigueur
A leur elever l'ame & leur former le cœur,
Il faut de la vertu leur faire une peinture
Qui leur puisse inspirer l'amour de la droiture,
Et leur peindre le vice avec tant de laideur,
Qu'a l'aspect de ses traits ils fremissent d'horreur.
Dis leur pour augmenter l'ardeur de leur courage,
Qu'aux belles actions leur estat les engage,
Que la perfection est pour eux une Loy
Que la vertu commune est le vice d'un Roy,
Que par de grands travaux sa gloire se consomme,
Et qu'enfin un Heros n'agit pas comme un homme.
                                        D

Fais leur reprefenter les fonctions des Rois,

Donner une audiance & prononcer des Lois,

Punir, recompenfer, accorder une grace,

Commander une armée, attaquer une place,

Forcer un efcadron par la flàme & le fer,

Pourfuivre un Ennemy, le vaincre & triompher.

Toutes ces fictions à tes enfans utiles

En feront quelque jour des Monarques habiles.

Sur tout il ne faut point par la feverité

Ramener leur efprit à la docilité.

Le cœur des Souverains refifte à la contrainte,

Il brave la menace & rejette la crainte,

Et de l'authorité meprifant la rigueur,

Il ne fçait obeïr qu'à la feule douceur.

Enfin fois affeuré qu'on foûtient la puiffance

Par l'éducation plus que par la naiffance.

CE QUE
LE PRINCE
DOIT A SES
Sujets.

*PRES tous ces devoirs regarde
les projets,
Que tu dois employer à regir tes sujets.*

Pour regner dans leurs cœurs, que tout te soit possible,
Cet Empire caché vaut mieux que le visible.
Et porter tes sujets à l'amour de leurs fers,
Est un plus grand exploit que dompter l'Univers :
Il n'est plus glorieux que leur obeissance
Soit l'effet de leur chois, & non de ta naissance.

D ij

Tu peux tout eſperer du cœur de tes ſoldats,
Si leur amour pour toy les conduit aux combats.
La force qu'on reçoit d'une flâme ſi pure
Surpaſſe la valeur que donne la nature :
Elle porte le cœur juſqu'à ſon dernier point,
Et fait la fermeté de ceux qui n'en ont point.
Un Prince environné de ſa garde fidelle,
Penſe en vain éviter une atteinte mortelle :
Sa force ne ſçauroit luy conſerver le jour,
Mais il eſt bien gardé par les ſoins de l'amour.
On cherche à s'affranchir, & l'on ſert avec peine
Un Roy que les ſujets font l'objet de leur haine,
Et leur devoir forcé montre aſſez au dehors
Que le cœur ne ſuit pas le mouvement du corps.
Un Eſtat appuyé ſur la crainte ſervile,
Quelque puiſſant qu'il ſoit, ne peut eſtre tranquile.

§

Mais ſçache que l'amour du Peuple eſt fort
ſuſpect,
S'il n'eſt accompagné par un profond reſpect.

Il faut qu'il te cheriſſe, il faut qu'il te revere,
Qu'il ne ſepare pas le Roy d'avec le pere,
Qu'il craigne le pouvoir qui luy maintient le jour
Et que ſa crainte ſoit l'effet de ſon amour.
Il faut le gouverner avec beaucoup d'adreſſe.
Le Peuple eſt inconſtant, il a de la foibleſſe,
Inſenſible à l'honneur, par l'intereſt conduit,
Il fait tous ſes plaiſirs du deſordre & du bruit :
De ſes affections le caprice diſpoſe,
Il eſt doux & cruel, il apprehende, il oſe,
Il cherit les mutins, ſes ſentimens ſont bas,
La diſgrace des Grands a pour luy des appas,
Il ſe laiſſe dompter par la peur de la peine,
Il paſſe en un moment de l'amour à la haine,
Il ne peut s'élever au deſſus de ſes ſens,
Et n'eſt jamais touché que des objets preſens.

§

Ne remplis pas un Thrône aux tiens inacceſ-
    ſible,
Oſte à ta Majeſté ce qu'elle a de terrible.

D iij

Rends toy facile à tous, & fais que ta douceur
Accommode à leurs yeux l'éclat de ta grandeur.

§

Fuis de l'oisiveté les mortelles delices,
Elle plonge les cœurs dans l'abyſme des vices.
Dans ce profond ſommeil de l'eſprit & du corps
Toutes les paſſions font leurs ſecrets efforts,
Et l'ame eſtant alors ſans force & ſans deffence,
Se laiſſe aveuglement ſoûmettre à leur puiſſance

§

PRINCE, de tant d'écueils évite les hazards,
Preſcris à tes ſujets l'exercice des Arts,
Et des Arts cultivez les ouvrages utiles
Feront & la richeſſe & l'ornement des villes.
Travaille à voir fleurir cét Art imperieux
Qui de nos paſſions toûjours victorieux,
En diſpoſe à ſon gre, les meut & les arreſte,
Forme du cœur humain le calme & la tempeſte,
Donne à nos actions, ou le blâme ou le prix,
Par ſon rapide cours emporte les eſprits,

Et de son feu divin enflâmant le genie,
Estend sur la raison sa douce tyrannie.

Cultive aussi cet Art qu'Apollon nous apprit,
Qui fait ses beaux portraits pour les yeux de l'esprit.
Et qui par la parole animant sa peinture
Semble moins imiter qu'égaler la nature.
Mets dans son premier rang cet Art ingenieux,
Qui fait par le pinceau les delices des yeux,
Et qui par des couleurs sagement dispensées,
Avec tant de succez sçait peindre les pensées.

§

Les Universitez, ces grands & fameux Corps,
Qui du profond sçavoir dispensent les tresors.
L'ornement des Estats, & les sources celebres,
Où l'esprit prend le jour qui chasse ses tenebres
Doivent voir par tes dons croistre leurs revenus,
Leurs bâtimēs plus beaux & leurs droits maintenus.

§

Il faut que ces Esprits dont la science acquite
Tout ce que la raison peut devoir au merite,

Qui nous font admirer dans leurs écrits divers

Les differents appas de la Profe & des Vers,

Que le Ciel a choifi pour difpenfer la gloire,

Et des Heros François confacrer la memoire;

Reçoivent dignement le fruit de tant de foins.

Affeure leurs repos & previen leurs befoins,

Soûtien ce corps illuftre à ton Eftat utile,

Et ne donne jamais de loüange fterile.

§

Sur l'une & l'autre mer fais redouter ton

nom,

Mefle au bruit de leurs flots la terreur du canon:

Fais que la nation fur les eaux la plus fiere

Dans tes moindres vaiffeaux refpecte ta banniere.

Cét abfolu pouvoir ouurira le trafic,

Chacun ira puifer dans ce trefor public,

Et courant de la mer les campagnes mobiles,

Il portera fes biens dans ces climats fertiles,

Dont le Soleil naiffant favorife les lieux

De tout ce que la terre a de plus precieux.

Son travail enflera le travail de ses Peres
De la fecondité des sources estrangeres,
Et le flus & reflus de ces biens transportez,
Maintiendra tes Estats dans ses prosperitez.

§

Mesprise les tresors, en un Roy l'avarice
Paroist un Monstre affreux & non un simple vice.
A quel dereglement est-ce s'abandonner
Que de garder pour soy tout ce qu'on doit donner ?
Il faut dans tes Estats répandre tes largesses,
Il faut gagner les cœurs par l'attrait des richesses.
PRINCE, tu ne sçaurois employer mieux tes
         mains,
Que de les employer au secours des humains.
Toutesfois une Loy te doit estre prescrite,
Il faut que tes bien-faits soient le prix du merite.
Quiconque donne à tous, montre assez que ce don,
Est l'effet du caprice, & non de la raison,
Et sans chois de ses biens ordonnant le partage,
Au lieu de les donner il les met au pillage.

Le vice par les biens se sent encourager,

Avec luy la vertu ne veut rien partager.

Si dans un mesme rang l'un & l'autre tu places,

Son honneste pudeur rougira de tes graces.

Donne avec jugement, & descends jusqu'au soin

D'empescher tes sujets de dire leur besoin.

On ne peut recevoir la grace toute entiere,

S'il faut pour l'obtenir employer la priere.

Ménage leur pudeur en cette occasion,

Et sauve leur besoin de la confusion.

Apres avoir promis, soit don, soit recompence,

Espargne les ennuis d'une longue esperance.

Mais lorsque la raison t'oblige à refuser,

Voy les precautions dont il te faut user,

Substituë au bien-fait un accueil qui console,

Tempere le refus d'une douce parole,

Montre quelque douleur de t'y voir obligé,

Soulage par l'espoir un esprit affligé:

Fais voir dans ton regret une image sincere

D'un Prince dont le cœur prend plaisir à bien faire.

Et rends content de toy par ce doux procedé,
Celuy qui n'a pas eu ce qu'il a demandé.

§

Ne traite point ton Peuple avec trop de clemence,
L'excessive douceur cause son insolence,
Remply d'ingratitude & de presomption,
Il va par les bien-faits a la rebellion ;
Son esprit s'évapore, & son ame legere,
Ne sçauroit supporter qu'un bon-heur ordinaire.
Mais ne le traite pas avec trop de rigueur,
Elle le reduiroit à l'extrème langueur.
Dans cét accablement de peine & de souffrance,
Il gemit sous le poids de son obeïssance,
Et ne pouvant souffrir un si rude pouvoir,
Il n'attend son salut que de son desespoir.

§

Sçache que des objets les vaines apparences
Forment dans nostre esprit des fausses connoissances :
Affranchis ta raison des erreurs de tes sens,
Tâche de penetrer l'esprit des Courtisans :

Empefche que l'orgüeil ne te flate & t'impofe,

Des honneurs qu'on te rend examine la caufe.

Tu verras qu'on les rend au fuprême pouvoir,

Et qu'ils font appuyez fur la crainte & l'efpoir :

Les refpects affidus, l'encens & les fervices,

Sont de l'ambition les adroits facrifices :

Et l'intereft caché fous le nom de l'amour

Fait la pompe des Rois & compofe leur Cour.

§

Si le Ciel te deftine un Miniftre fidele,

De qui l'habileté fçache regler le zele,

Que les foins éternels ne puiffent accabler,

Que la peur de la mort ne fçauroit ébranler,

Qui fans falir fes mains gouverne tes finances,

Ne fouffre dans l'Eftat que des juftes dépences,

Qui libre d'intereft cherche d'un foin égal

La gloire de fon Prince & le bien general,

Aux grands, à fes amis fon feul devoir prefere,

Et du peuple accablé foulage la mifere:

Tu verras des jaloux s'elevans contre luy,
Vouloir priver l'Estat d'un si solide appuy :
Tantost ils tâcheront de jetter dans ton ame,
Les soupçons défians que fait naistre le blâme.
Tantost à leurs desseins donnant un autre tour,
Ils mettront ses vertus dans leur lustre & leur
    jour,
Puis insensiblement leurs subtils artifices,
Te rendront attentif au recit de ses vices,
Et leur trompeuse foy portera ton esprit
A croire tout le mal par le bien qu'ils ont dit.
Mais de ses Ennemis il faut que tu le vanges,
N'écoute à son égard ny blâme ny loüanges,
Il n'aura pas besoin des offices d'autruy,
Et ses utiles soins te parleront pour luy.
PRINCE, fais luy gouster les aimables de-
    lices,
De voir dans sa faveur le fruit de ses services,
De ne devoir qu'à soy ce qu'il a merité,
Et de se maintenir par sa fidelité.

E

§

Banny loin de la Cour ces ames mercenaires,
De l'aimable vertu ces lâches adverfaires,
Les infames flateurs, qui par un doux poifon
Nourriffent l'amour propre, enchantent la raifon.
Ces corrupteurs publics dont la baffeffe étrange,
Proftituë aux méchans l'honneur de la loüange,
Et faifant du difcours un criminel abus,
Leur cache leurs defauts, ou les change en
     vertus.
Ces faux adorateurs de qui l'efprit s'exerce
A mettre lâchement la parole en commerce,
Et qui voulant remplir fa grande avidité,
Gafte ce beau portrait de la fincerité.
Alors la verité viendra remplir leur place,
Elle verra finir le temps de fa difgrace,
Et tu feras ravy voyant que fon retour
Rend le premier éclat aux beautez de la Cour.
Sa douce Majefté que la gloire environne,
Par un libre refpect abordant ta perfonne,

Elle commencera ſes ſoins officieux,

En oſtant le bandeau qui te couvroit les yeux.

Tu verras tes erreurs, & la ſupercherie,

Qu'avoit fait à tes ſens l'avare flaterie;

Et ton eſprit ſurpris voyant l'enchantement,

Il pourra revenir de ſon égarement.

Alors la verité te paroiſtra ſi belle,

Que tu luy jureras une amour éternelle;

Et ceux que le devoir appelle dans ta Cour,

Voyant que ſes attraits font naiſtre ton amour,

Et qu'elle a ſur ton cœur un ſouverain Empire,

Ne ſeront plus troublez de la peur de la dire.

§

PRINCE, inſtruis tes ſujets, & par tes actions

N'autoriſe jamais leurs folles paſſions.

Ils prendront dans tes mœurs les loix de leur cŏduite,

Si tu ſuis les vertus, ils ſeront à ta ſuite,

Si le déreglement a pour toy des appas,

Hardis de ton exemple, ils iront ſur tes pas.

Tu rendras, si tu mets l'un ou l'autre en pratique,
Ou la corruption ou la vertu publique,
Et du party qu'alors tes sujets auront pris,
Tu receuras un jour ou la peine ou le prix.

§

Avec Religion garde la foy promise,
Toute raison d'Estat luy doit estre soûmise.
Rien ne peut violer la parole des Rois,
Elle est la seule Loy de ceux qui font les Lois :
Le manquement de foy les couvre d'infamie,
Et d'un Estat reglé détruit l'œconomie.

§

Choisis dans tes sujets des sages éclairez
A tous les soins publics par zele preparez,
De qui la vigilance & le sçavoir extrême
T'aydent à supporter le poids du Diadême.
Vouloir seul démesler tant de difficultez
Marqueroit trop d'amour pour tes propres clartez,
Et te laissant charmer à ces douces amorces,
Tu verrois ton dessein au dessus de tes forces.

Mais auſſi de laiſſer tout le fardeau ſur eux,

Ce ſeroit pour l'Eſtat un deſſein dangereux.

Les Miniſtres alors ſe rendroient neceſſaires

Les ſoins & les ſuccez manqueroient aux affaires,

Et leur éloignement n'etant plus à ton choix,

De tes propres ſujets tu recevrois des Loix.

§

Voy dans l'Aſtre du jour une fidelle image

Des travaux éternels où ton Sceptre t'engage.

Ce Roy de l'Univers le parcourt tous les jours,

Et jamais le repos ne ſuccede à ſon cours.

Ses fecondes clartez, en éclairant le monde,

Reſpandent leurs bien-faits ſur la terre & ſur
* onde,*

Il conſerve nos jours, & ſans quitter les Cieux,

Il jette en un moment ſes regards en tous lieux,

Et lorſque ſon devoir appelle ſa lumiere

Aux differens climats du ſecond hemiſphere,

Les Aſtres de la nuit miniſtres du Soleil,

Veillans ſur ſes Eſtats attendent ſon réveil,

E iij

Et répandant ſur nous une douce influence,
Tâchent de reparer le mal de ſon abſence.
Imite ſon exemple, & ſoûtien de tes yeux
Des Miniſtres d'Eſtat les ſoins laborieux.
Fais que ta vigilance empeſche leur relâche,
Travaille à penetrer ce que leur cœur te cache,
Voy ſi quelque intereſt contraire à la raiſon,
Infecte leurs conſeils par un ſecret poiſon.
Par ton diſcernement connois leur difference,
Et ſelon tes clartez regle ta confiance.

§

Ta liberalité doit répandre ſur eux
Dequoy recompenſer leurs travaux genereux :
Afin d'entretenir leur cœur ferme & fidele
Par le cours des faveurs renoûvelle leur zele,
Et pour mieux ſignaler ta liberalité
Fais paſſer tes bien - faits à leur poſterité.

§

Il eſt de ta Grandeur de leur faire comprendre,
Que de ta ſeule grace ils doivent tout attendre :

Que l'Eſtat ſans leurs ſoins ſe pourra maintenir,

Qu'ils ne t'ont pas oſté le choix de les bannir,

Que la neceſſité n'a point fait leur puiſſance,

Et que leur Miniſtere eſt une preference :

Tu les verras ſoûmis, & la crainte de cheoir

Les retiendra touſiours ſous la loy du devoir.

§

Sur tout ne ſouffre pas qu'une ſeule perſonne

Veille à te conſerver les droits de ta Couronne.

Le glorieux dépoſt d'un abſolu pouvoir,

Luy pourroit inſpirer l'oubly de ſon devoir,

Et porter ſon orgueil à l'inſolente audace

De tourner contre toy la grandeur de ta grace.

Par l'eſpoir des bien-faits attirant tout à ſoy,

Elle te laiſſeroit un vain titre de Roy,

Et ſe reveſtiroit dans ce pouvoir ſuprême,

De toute la ſplendeur dont luit le Diadême.

§

Il faut que les emplois de la ſage Themis

Soient malgré la faveur à la vertu commis.

Alors de son esprit la Justice animée,

Sauvera du pouvoir l'Innocence opprimée.

Le droit se soûtenant par sa seule vigueur

Cessera de briguer l'appuy de la faveur,

Et l'on ne verra point l'ignorance & le vice

Deshonorer les Loix & vendre la Justice.

Conserve à tes sujets l'heureuse égalité,

Qui fait l'unique but de la sage équité,

Et sans examiner le rang & la personne

Suy toûjours le party que la raison ordonne.

Avant que de juger applique tes clartez,

A débroüiller le droit de ses obscuritez.

Et deffends ton esprit des subtils artifices

Dont l'interest humain voile ses injustices.

Mais d'un juste Monarque un des plus beaux objets,

Est de vouloir décendre au rang de ses sujets,

Et leur rendant justice au régard de soy-mesme,

Sauver leurs interests de son pouvoir suprème.

Il faut pour le repos que par un ordre égal

Le prix suive le bien, & la peine le mal.

Mais PRINCE, *il ne faut pas que ta main redoutable,*

Lance toûjours ses traits sur le chef du coupable.

Songe que la clemence est la vertu des Rois,

Qu'elle doit moderer l'authorité des Lois;

Et par ses doux efforts defarmant la justice,

Sauver le criminel de l'horreur du supplice.

§

Si l'immuable Loy des rigoureux destins

Expose ton Royaume aux troubles intestins,

Cours soudain au remede, & par ta diligence

Tâche d'aneantir le mal dans sa naissance.

Souvien-toy d'employer dans la sedition

Peu de temps au conseil, beaucoup à l'action.

C'est un venin subtil dont la force tragique

Peut d'abord infecter tout le corps politique :

C'est un feu qui s'accroist, & peut en un moment,

Enveloper l'Estat dans son embrasement.

Il faut pour arrester la rebelle insolence

Du peuple mutiné rompre l'intelligence,

Se servir co̅tre luy de sa legereté,

Offrir mille soupçons à sa credulité.

Parmy les factieux on voit que le divorce

Partageant les esprits partage aussi leur force :

Il les range au devoir, & formant deux partis

Par eux-mesmes les rend tous deux assujettis.

Tu dois gagner leur chef, si tu les veux destruire,

Le peuple suit toùjours, il ne sçait pas conduire.

Ce Monstre furieux qui nous fait tant de peur,

Quand il n'est plus guidé, perd toute sa fureur.

Contre ses attentats le plus puissant azile

Est d'oster le pretexte à la guerre civile.

Dans ces occasions c'est une habileté

De relâcher des droits de son authorité,

Il faut que sa grandeur soit quelquefois soùmise,

Le sceptre doit ployer de peur qu'il ne se brise :

Mais cede adroitement, & dans cette rigueur

Fais qu'un accord forcé paroisse une faveur.

Si ce funeste orage accroist sa violence,

Tâche de le calmer par ta seule presence.

La Majesté des Rois imprime le respect,
Et la rebellion fremit à son aspect.
Il sort de sa splendeur une vive puissance
Qui des seditieux desarme l'insolence ;
Et lorsqu'en ses Estats tout est desesperé
Elle trouve en soy-même un secours asseuré.

§

Tu ne dois pas souffrir qu'une cause legere,
Engage tes sujets dans la guerre estrangere :
Elle à son fondement dans la necessité
De soûtenir les droits de nostre liberté,
Et c'est avec raison qu'on la peut entreprendre,
Lorsqu'on poursuit son bien, ou qu'il faut le def-
            fendre.
Ou c'est ambition, ou c'est brutalité
De rompre les doux nœuds de la societé.
C'est du fer & de l'or faire un indigne usage
D'employer ces metaux à l'horreur du carnage,
La guerre ne doit pas appuyer les forfaits,
Et ce trouble forcé doit affermir la Paix.

§

Fais parmy les guerriers regner la discipline,

Les succez sont heureux alors qu'elle domine,

Et la severité de ses puissantes Loix

Surpasse les progrez des plus fameux exploits.

Dans l'Empire de Mars la seule obeïssance

Peut du soldat mutin arrester la licence,

Et c'est par la terreur de la punition

Qu'il dompte son penchant a la sedition.

Sans cet Art merveilleux les plus fortes armées,

Seroient dans le desordre, & bien-tost consumées.

C'est luy qui les unit, & qui les fait mouvoir,

Qui regle leurs emplois & les range au devoir.

Sur tout il ne faut pas que leur sage vaillance

De ses utiles faits perde la recompense.

Tu ne peux honorer d'un trop illustre rang

Ceux qui dans les combats te consacrent leur
sang,

Et qui pour acquerir la gloire du service

De leurs jours les plus beaux te font un sacrifice.

PRINCE,

PRINCE, *il faut moderer ces cœurs ambitieux,*

Et ménager un sang à l'Estat pretieux.

Il faut de leurs transports calmer la violence

Et les accoustumer à vaincre leur vaillance.

Une erreur trop fatale au repos de l'Estat,

En fait des criminels par un double attentat.

D'un ridicule honneur l'interest chymerique,

Nous fait voir des duels le spectacle tragique.

Cette funeste idole aveugle leurs esprits,

Elle ne peut souffrir le soupçon d'un mépris,

Et tenant à ses Loix la vengeance asservie,

Au gré de ses desirs dispose de leur vie.

PRINCE, *il faut l'étonner par la terreur des*

    Loix,

Et bannir ce demon de l'Empire François.

§

Ne mets pas en ta force une ferme esperance

Tu dois sur la raison fonder ta confiance,

Rien ne peut échapper à ses vives clartez,

Et ses sages conseils font les prosperitez.

F

Bien que l'homme en partage ait receu la foiblesse,

Il regit l'Univers avec sa seule adresse,

Elle fait ses progrez sans secours & sans bruit,

La valeur la redoute, & la force la fuit.

Enfin par les ressorts d'une secrette guerre,

Sans repandre du sang file calme la terre,

Et captivant l'esprit des plus superbes Rois,

Desarme leur fureur, les soûmet a ses Lois.

Il n'est point de bon-heur si cher a la patrie

Que d'asseurer la Paix par la seule industrie.

La douceur du repos n'est pas pour elle un bien,

Alors que son repos luy coûte un citoyen :

Elle ne peut goûter le plaisir de la gloire,

S'il faut par la douleur acheter la victoire.

Et regrettant la mort de ses braves Guerriers

Honorer de ses pleurs leurs funestes lauriers.

§

La Maxime l'Estat ne veut point qu'on se
fie
A l'infidele amy qui se reconcilie.

Moins par son repentir que par ses interests,

Il confesse son crime & recherche la Paix,

Prest de la violer lors que la conjoncture

Pourra favoriser une lâche rupture.

§

Il est d'un puissant Roy d'appuyer ses voisins

Et de meler son sort à leurs mauvais destins:

Mais souvent par prudence autant que par justice,

Sa generosité suspend son exercice,

Et le salut public contraint son amitié

De n'offrir à leurs maux qu'une vaine pitié.

Avant que s'engager à finir leurs allarmes,

Il doit examiner la force de ses armes,

De tous leurs ennemis le nombre & le pouvoir,

Consulter la raison, l'Estat & son devoir.

§

Lors qu'un heureux succez flatera ton courage,

Songe que la Fortune a part à ton ouvrage,

Que les lieux & les temps & l'effort des soldats

Ont hasté la victoire & secondé ton bras;

Et qu'il est d'un cœur lâche & d'une ame petite

D'usurper à chacun sa gloire & son merite.

Songe que le bon-heur dont ton bras est suivy,

Dans un autre combat te peut estre ravy,

Et que le sort leger peut par son inconstance

Démentir ses faveurs, & tromper ta vaillance.

§

D'un Ennemy qui fuit ne presse point les pas,

Et permets à sa peur déviter son trespas.

Il arrive souvent qu'arresté dans sa course

Dans un pressant danger il trouve sa ressource;

Que souffrant les rigueurs d'un extrême mal-heur

Un noble desespoir luy tient lieu de valeur :

Il redouble sa force, il réveille sa gloire,

Et contraint le vainqueur de rendre la victoire.

Ne tiens pas les vaincus sous de severes Lois,

Les traiter doucement c'est les vaincre deux fois.

Une captivité qu'adoucit la clemence,

Affermit ta conqueste & leur obeissance,

Et par cette douceur qui les tient si soûmis,
Il prepare des fers aux autres Ennemis.

§

Si tu veux acquerir une gloire immortelle,
Lors que le sort te rit, termine ta querelle,
Le plus grãd des exploits que peut faire un vainqueur,
Est de cesser de vaincre & moderer son cœur,
Et ce n'est pas l'effet d'une vertu commune,
De refuser son bras à sa bonne fortune.
Force tes Ennemis par des exploits fameux,
A faire de la paix le sujet de leurs vœux.
Cet aveu solemnel de leur propre impuissance,
Dans un parfait éclat fera voir ta vaillance,
Et tu seras heureux, quand parmy tes bien-faits
Ta generosité pourra compter la Paix.

§

Quand perdant ta vigueur elle sera suivie
De cet âge glacé qui menace la vie,
Songe que pour joüir d'un destin glorieux
La main de la vertu te doit fermer les yeux.

La gloire la plus ferme & la plus éclatante,

Tandis que l'on respire est toûjours chancelante.

Il n'est point de moment, ou le moindre forfait

Ne puisse ruiner tout le bien qu'on a fait.

La derniere action establit sa durée,

Et ce n'est que la mort qui la rend asseurée.

§

Des Palais somptueux le nombre & la beauté

Te flateroit en vain de l'immortalité :

En vain contre l'oubly la France desolée

Donneroit à ta cendre un pompeux Mausolée:

En vain cét Art divin qui conduit le ciseau

Ornant de ton grand Nom ton superbe tombeau,

Pretendroit sur le temps te conserver l'Empire

Par l'Eloge gravé dans le sein du Porphire:

En vain il tâcheroit par un dernier effort

De former ton image & reparer ta mort.

Il pourra bien braver l'orgüeil de quelques âges,

Et contre leur pouvoir soûtenir ses Ouvrages,

Mais malgré son effort, leurs debris éclatans
Releveront un jour les triomphes du temps.

§

On évite la mort par la seule memoire,
Et la seule vertu nous acquiert cette gloire.
Par elle tes Estats au declin de tes ans.
Maintiendront leur pouvoir & seront fleurissans.
Sa constante vigueur soûtiendra ta foiblesse
Fera de tes sujets respecter ta vieillesse,
Et bien loin que ta mort contente leur désir,
Ils donneront des pleurs à ton dernier soûpir.

§

Donne enfin du relâche à ta vieillesse extrême,
Laisse à ton successeur le poids du Diadême,
Et fais que le trespas en s'approchant de toy,
Triste de son butin, ne trouve plus de Roy.
Gouste le doux repos où l'âge te convie,
Ne te refuse pas le reste de ta vie.
Pense au parfait bon-heur que tu dois acquerir,
Et sois tout occupé du soin de bien mourir.

§

   Mais, PRINCE, *ou m'a conduit la Muse qui*

     m'éclaire ?

Pourquoy faire un effort qui n'eſt pas neceſſaire ?

Pourquoy tant de leçons, & d'un ſoin curieux

Aller chercher ſi loin ce qui s'offre à mes yeux ?

Regarde ce GRAND PRINCE *à qui tu dois ton être.*

Tu ſçauras gouverner, ſi tu ſçais le connoiſtre.

Je ſçay que ce ſeroit un effort plus qu'humain,

De former ſon tableau d'une mortelle main,

Et que ſa modeſtie avec mon impuiſſance

Devroit forcer ma voix à garder le ſilence.

Mais je cede à mon zele, & ne puis m'empeſcher

De faire ce Portrait, ou du moins d'y toucher.

Si je puis ſeulement d'une heureuſe avanture

D'un ſeul trait du Monarque achever la peinture.

De mon deſſein hardy je ſeray ſatisfait,

Tu pourras mediter mon ouvrage imparfait ;

Et ce foible crayon conduira tes penſées

Aux rares qualitez qu'il n'aura que tracées.

§

PRINCE, voy son esprit qui pour nostre
repos,

A de l'Estat François débroüillé le cahos
Et par l'effusion de sa vive lumiere
L'a remis dans l'éclat de sa beauté premiere.
L'ordre de ses Estats le pompeux ornement
Est l'effet merveilleux de son discernement,
Et pour le conserver contre la violence
Sa Justice maintient l'œuvre de sa prudence.

§

Il preste à la raison un asseuré secours,
Le Droit jadis errant dans d'éternels détours,
Est enfin delivré de tous ces labyrintes
Et contre l'injusticc il ne fait plus de plaintes.

§

Rien n'égale du Roy la vigilante ardeur,
La Noblesse par luy recouvre sa splendeur,
Il démesle avec soin pour luy rendre son lustre
Le sang obscur & vil d'avec le sang illustre :

Il oblige l'orgueil à ses pieds abattu
De rendre le haut rang qu'il vole à la vertu,
Et ne sçauroit souffrir dans une mesme place
Les Nobles d'interest & les Nobles de race.

§

Il oste au point d'honneur son funeste credit
Tous les braves François respectent son Edit :
Et blâment une erreur dont les foles Maximes
Avec les grands exploits confondoient les grands
        crimes.
En vain de lâcheté l'on veut les accuser,
Si l'on offre un combat ils l'osent refuser,
Et quelque feu qu'en eux la fausse gloire allume,
A la nouvelle Loy font ceder la Coustume.

§

Mais, qui sçait mieux que luy relever les
        bienfaits ?
Qui sçait les embellir de si divers attraits ?
Quoy qu'il puisse donner au merite suprême,
L'Art dont il fait le don efface le don même.

C'eſt perdre ſes faveurs que de les demander,

Il veut tout departir, & ne rien accorder.

La priere eſt par luy rarement exaucée,

Prevenant le deſir & ſouvent la penſée.

O vous! qui le ſervez dans les travaux guerriers,

Et luy preſtez vos mains pour cueillir ſes lauriers,

Vous pouvez hardiment oublier vos ſervices,

Si vous n'en parlez point, ils vous ſeront propices.

Pour vous montrer a luy ne quittez point l'employ,

L'abſence ne nuit pas ſous un ſi juſte Roy,

Sçachez qu'il ſonge à vous, & que voſtre preſence,

Pourroit eſtre un obſtacle à voſtre recompence.

§

    Il n'eſt point dans noſtre Art d'aſſez vive cou-
       leur,

Pour mettre dans ſon jour l'éclat de ſa valeur,

Que c'eſt mal le loüer d'une vertu ſi rare

Lors qu'à des Conquerans la Muſe le compare!

Ces braves furieux, ces injuſtes Heros,

De ce vaſte Univers ont troublé le repos.

Et le rendant affreux par mille objets funebres,

N'ont esté renommez que par des vols celebres.

Quoy que le monde entier ait fléchy sous leur Loy,

Cette comparaison offense nostre Roy.

S'il avoit eu les mœurs de Cesar, d'Alexandre,

N'auroit-il pas conquis les Estats de la Fl...dre ?

Eust-on pû resister à ce puissant Vainqueur,

Si son bras eust suivy le panchant de son cœur ?

Ha ! qui peut ignorer que Mars dans cette guerre,

Ne luy mit point en main son cruel Cimeterre.

Mais que pour attaquer les lieux qu'il a soûmis,

Il arma sa valeur du glaive de Themis.

Il n'en faut point douter, l'ardeur de son courage

Luy soûmettroit l'orgüeil & du Rein & du Tage,

Il donneroit des Loix à des peuples divers,

Mais sa grande équité luy ravit l'Univers.

Quand par luy la victoire étaloit tous ses charmes,

Pour se vaincre soy-même il a quitté les armes.

Sa douceur favorable à tous ses Ennemis

Leur a voulu donner tout ce qu'il n'a point pris,

E

Et d'un si grand exploit la juste renommée,
A rendu le repos a la terre allarmée.

§

Mais, PRINCE, admire icy ses plus illustres faits;
Dans les Estats de CHRIST il restablit la Paix.
Helas depuis long-temps la dispute obstinée!
Rendoit par ses éclats l'Eglise infortunée;
Et l'enfer conjuré faisoit tous ses efforts
Pour la mettre en desordre & diviser son corps.
En vain de nos Prelats le zele & la science
Veulent d'un si grand mal calmer la violence:
En vain à Rome même on demande un secours
Qui puisse en arrester le déplorable cours.
Mais quăd LOUIS s'en mesle, on voit ses soins utiles
Appaiser pleinement ces discordes civiles.
Il affermit luy seul l'Empire de la Croix.
Et fait regner celuy par qui regnent les Rois.

§

Ha bien-tost nous verrons ses travaux salutaires
Le délivrer aussi des guerres étrangeres.

G

POEME.

Ce Monstre de Calvin, dont la rage autresfois
A causé tant de maux dans l'Empire François,
Sent de nostre grand Roy la fatale sagesse,
Il ne le combat point qu'avec sa seule adresse,
Et sans l'affreux secours de la flâme & du fer
Le reduit pas à pas aux portes de l'enfer.

§

PRINCE, si je suivois le zele qui m'anime,
Je soûtiendrois l'essor d'un dessein si sublime,
Et tâchant d'exprimer tout ce qu'il a de beau,
De mille autres vertus je ferois le Tableau;
Mais ma force au sujet ne seroit point égale,
Et je m'égarerois dans ce charmant Dedale.

FIN.

9 782019 716073